A GRAÇA DO DINHEIRO

THE NEW YORKER
A GRAÇA DO DINHEIRO

AS MELHORES CHARGES
DA NEW YORKER SOBRE ECONOMIA
(1925-2009)

ORGANIZADO POR ROBERT MANKOFF

TRADUÇÃO:
RODRIGO LACERDA

ZAHAR

Título original:
On the Money
(The Economy in Cartoons 1925-2009)

Tradução autorizada da primeira edição americana,
publicada em 2009 por Andrews McMeel Publishing, LCC, de Kansas City,
Estados Unidos

Copyright © 2009, The New Yorker Magazine

Copyright da edição brasileira © 2016:
Jorge Zahar Editor Ltda.
rua Marquês de S. Vicente 99 – 1º | 22451-040 Rio de Janeiro, RJ
tel (21) 2529-4750 | fax (21) 2529-4787
editora@zahar.com.br | www.zahar.com.br

Todos os direitos reservados.
A reprodução não autorizada desta publicação, no todo
ou em parte, constitui violação de direitos autorais. (Lei 9.610/98)

Grafia atualizada respeitando o novo
Acordo Ortográfico da Língua Portuguesa.

Revisão: Eduardo Monteiro, Carolina Sampaio
Indexação: Gabriella Russano
Imagem da capa: Michael Witte

Apoio: Rio Bravo Investimentos

CIP-Brasil. Catalogação na publicação
Sindicato Nacional dos Editores de Livros, RJ

G661   A graça do dinheiro: as melhores charges da *New Yorker* sobre economia (1925-2009)/organização Robert Mankoff; tradução Rodrigo Lacerda. – 1.ed. – Rio de Janeiro: Zahar, 2016.

il.

Tradução de: On the money: the economy in cartoons – 1925-2009
Inclui índice
ISBN 978-85-378-1598-4

1. Estados Unidos – Condições econômicas – Século XX – Caricaturas e desenhos humorísticos. 2. Estados Unidos – Condições econômicas – Século XXI – Caricaturas e desenhos humorísticos. 1. Mankoff,
Robert. 11. Lacerda, Rodrigo.

CDD: 330.973
16-35869   CDU: 338.1(73)

SUMÁRIO

INTRODUÇÃO ~ vii

DÉCADA DE 1920 ~ 1

DÉCADA DE 1930 ~ 11

DÉCADA DE 1940 ~ 33

DÉCADA DE 1950 ~ 53

DÉCADA DE 1960 ~ 83

DÉCADA DE 1970 ~ 115

DÉCADA DE 1980 ~ 141

DÉCADA DE 1990 ~ 171

DÉCADA DE 2000 ~ 211

ÍNDICE DE CHARGISTAS ~ 253

INTRODUÇÃO

por Malcolm Gladwell

Você tem em mãos algo muito estranho: um livro de charges sobre dinheiro extraídas das páginas da *New Yorker*. Digo que é estranho porque somos uma revista para quem o dinheiro é uma preocupação secundária. Não era um de nós quem, durante a festa, ficou se gabando de ter resgatado todas as suas aplicações no outono de 2007. Nem estávamos nessa festa. Estávamos em casa relendo *Middlemarch.** Nessas ocasiões, quando a revista efetivamente se aventura em assuntos financeiros e em Wall Street, ela o faz com distanciamento antropológico. Então que diabos a *New Yorker* pretende quando se põe a falar de dinheiro? A resposta mais direta é que estamos contando piada. Há também uma resposta menos direta. (E eu não seria um escritor da *New Yorker* se não fornecesse, também, a resposta mais comprida.)

Uma vez, há muito tempo, eu participava do retiro corporativo de uma grande empresa. Era num desses resorts perdidos no meio do nada. Uma das sessões era um exercício de autoconfiança para os executivos seniores da firma. Um grupo de mais ou menos oito diretores sentou em volta de uma longa mesa de reunião e foi pedido a cada um que contasse sua história. O diretor-financeiro começou. Ele andou para a frente do recinto carregando – para minha perplexidade – um laptop. Ele o abriu,

---

* Romance de George Eliot, pseudônimo de Mary Ann Evans, publicado entre 1871-72, que compõe um painel amplo de um período bastante movimentado da vida política, social e econômica da Inglaterra. (N.T.)

iniciou o PowerPoint e projetou na tela a imagem de um homem mais velho. "Esse é o meu pai", disse o diretor-financeiro. Ele então clicou e projetou a segunda tela. Era uma garrafa de uísque. "Meu pai era alcoólatra", acrescentou o diretor-financeiro. Os outros executivos em volta da mesa assentiram em solidariedade. Aquele fazendo a apresentação continuou, expondo sempre detalhes mais íntimos de sua infância e adolescência: clique, clique, clique. Eu nem prestei atenção. Ainda estava preso à primeira tela. *PowerPoint?*

Não há, é claro, nada de errado no que o diretor-financeiro estava fazendo. Ele não era um narrador experiente, ou mesmo, como você pode imaginar, alguém particularmente confortável em dividir sua vida paticular com uma sala cheia de colegas. Ele estava nervoso. PowerPoint é a ferramenta narrativa para aqueles que não são do ramo de contar histórias, e ela lhe permitia fazer o que de outra forma lhe pareceria impossível.

Então por que eu estava estupefato? Porque nunca me ocorrera, até aquele momento, que alguém pudesse importar uma prática corporativa para o terreno pessoal. PowerPoint, na minha cabeça, estava rotulado como *trabalho*, não algo pessoal, e o trabalho, eu acreditava, não deveria contaminar o lado pessoal. "Não vejo muito futuro em continuarmos nessa trajetória", ouvi um banqueiro dizer, certa vez, para sua futura ex-namorada. *"Nessa trajetória"?* Ela por acaso era um balanço anual? Aqueles dentre nós que não pertencem à cultura dos negócios fazem o contrário: queremos importar práticas de caráter pessoal para o âmbito empresarial. Queremos que nossos chefes sejam gentis e capazes de perdoar. Queremos que as corporações ajam com humanidade. Queremos documentos financeiros escritos em "linguagem clara". A distância entre os de dentro do sistema capitalista e os de fora é às vezes descrita como um profundo abismo filosófico, ou uma luta irreconciliável entre duas culturas. Não é. Ela é uma simples disputa quanto à direção daquilo que, no basquete, é chamado de posse alternada.* Você avalia sua vida profissional através de lentes pessoais, ou sua vida pessoal através de lentes profissionais?

Deixem-me dar outro exemplo: Bernard Madoff. Seu lance de tortuoso brilhantismo foi produzir, ano sim e outro também, ganhos que batiam, como um relógio, sempre na casa dos 10 a 12%. De 1990 a 2005, Madoff alegava ter perdido dinheiro em apenas sete desses 174 meses, com uma taxa de "vitória" de 96%. Uma vez que estava inventando tudo isso, ele poderia, claro, ter imitado a trajetória volátil dos aplicadores em fundos de *hedge*: alta de 50%, depois 12, depois 32, então um ano "deprimido" de perda de 2%, que presumivelmente atrairia mais porque 50, 12, 32 e –2 fazem uma média melhor que 12, ano sim e outro também. Mas ele não fez isso. Por quê? Porque entendeu o que a consistência significa em termos pessoais: confiabilidade, mestria, competência, segurança. Ele estava à procura de quem importava virtudes pessoais para o campo dos negócios.

Do outro lado da equação estava a *bête noire* de Madoff, Harry Markopolos, o analista financeiro que escreveu o famoso relatório de dezessete páginas para a SEC em novembro de 2005, acusando Madoff de gerir o maior esquema Ponzi da história da humanidade.** O relatório é um trabalho de gênio, e repetidamente volta àquilo que Markopolos acredita ser a prova mais convincente *prima facie* de que Madoff era um pilantra. E que

---

* Quando a bola é alçada para se iniciar a partida, o time que não a domina dessa primeira vez passa a ter a preferência de dar a saída num eventual reinício de jogo, ou em caso de uma bola presa entre dois adversários. (N.T.)

** SEC é a sigla de Securities and Exchange Commission, o equivalente norte-americano da nossa CVM, ou Comissão de Valores Mobiliários, instituição reguladora do mercado de ações. Um esquema Ponzi é uma sofisticada operação fraudulenta de investimento do tipo esquema em pirâmide, que envolve o pagamento de rendimentos anormalmente altos aos investidores à custa do dinheiro pago por aqueles que chegarem posteriormente, em vez da receita gerada por qualquer negócio real. O nome do esquema refere-se ao criminoso financeiro ítalo-americano Charles Ponzi, ou Carlo Ponzi. (N.T.)

fato era esse? *Que nos últimos 174 meses Madoff havia declarado perdas em apenas sete ocasiões.* "Isso, definitivamente, é 'bom demais para ser verdade!'", Markopolos escreve sobre a maré de sorte de Madoff. "Nenhum rebatedor da liga principal de beisebol consegue a média .960, nenhum time de futebol americano jamais teve 96 vitórias e apenas quatro derrotas num total de cem jogos, e pode apostar todo o seu patrimônio que nenhum investidor tem resultados positivos em 96% dos meses." Repare que Markopolos, a princípio, não suspeitava de *quanto* dinheiro Madoff alegava ter feito. Sua maior suspeita era o *padrão* da suposta rentabilidade. Markopolos então conta à SEC sobre outras pessoas em Wall Street que pensam como ele – um diretor da Goldman Sachs, segundo quem o banco não confia em Madoff e, portanto, se recusa a negociar com ele; um diretor do Citigroup que "mal acredita que a SEC ainda não acabou com Bernie Madoff". O que eles sabiam sobre Madoff? Nada de especial. A operação de Madoff era uma caixa-preta. Para despertar suspeitas bastava a mesma contínua sequência de meses vitoriosos. Eles não viam motivo para dar a Madoff crédito por sua consistência, pois a consistência é uma virtude pessoal. No mundo deles, grandes investidores eram pessoas que surfavam destemidamente as marés de sorte e perseveravam nas horas de aquecimento dos negócios – que eram, por definição, tão inconstantes quanto o mercado. Eles teriam acreditado em 50, 12, 32 e –2. Quanto a mim, olho para essa fileira de números e vejo um maníaco-depressivo.

Uma dessas atitudes é melhor que a outra? Não especialmente. As vítimas de Bernie Madoff teriam feito bem em pensar nele em termos profissionais, não pessoais. No entanto, os corretores da AIG,[*] que custaram aos cidadãos

---

[*] American International Group, ou AIG, é a maior empresa de seguros e serviços financeiros dos Estados Unidos e uma das líderes no mercado internacional, com sede em Nova York. (N.T.)

contribuintes muitas, muitas vezes mais do que Madoff custou ao mundo, teriam feito bem em levar para suas práticas profissionais uma dose de virtudes pessoais. Não estamos falando de diferenças entre pessoas de dentro e de fora. Estamos falando na alternância dos hábitos de autoilusão. Se este fosse um verdadeiro artigo da *New Yorker*, eu agora passaria vários parágrafos apresentando os nomes exatos para esses dois pontos de vista opostos. Mas não é, e, além disso, você está ansioso para chegar às charges. Vamos simplificar. Pessoas desejosas de que o mundo se adeque aos princípios empresariais são Realistas. Aquelas que pensam da maneira oposta – isso vale tanto para os que passam seus dias analisando sonetos ou livros-caixa – são Românticos, e a postura Romântica, nesse caso, como você está prestes a descobrir, é a postura mais engraçada.

Vamos começar com uma charge de agosto de 1998, feita por Barbara Smaller. Dois investidores olham para uma tela de computador. Um diz: "Alta de 116%! Se tivéssemos tido a premonição para investir dez minutos atrás." Ao ler isso, caí na gargalhada. Mas não é uma piada universalmente engraçada. Há legiões de investidores em Wall Street que ganham a vida capitalizando essas oscilações repentinas, minuto a minuto. Os computadores que comandam as mesas de investimento de alguns bancos de Wall Street costumavam ficar em Nova Jersey, ou na Pensilvânia, por questões de custo. Contudo, com o surgimento de práticas mais sofisticadas, os bancos transferiram todos de volta a Wall Street, pois isso significava maior rapidez na execução de suas ordens. É fato! Os corretores estavam perdendo negócios devido a microssegundos extras, gastos na ida e na volta sobre o rio Hudson. "Eu gostaria de ter tido a premonição de investir quinze microssegundos atrás!" era o que diziam um para o outro, só que não estavam brincando. Os Realistas de fato usam a linguagem da experiência, da reflexão, e lamentam ao falar de coisas que aconteceram um microssegundo atrás. Os Românticos passam três horas por semana com seu psicanalista lamentando coisas que aconteceram *trinta anos* atrás. Para o Romântico, dez minutos é hilariante.

Ou pense nas múltiplas versões, nas páginas a seguir, de charges sobre investidores em Wall Street que pulam para a morte. É um tópos das charges da *New Yorker*, tão certo quanto um homem deitado no divã de um psicanalista. Minha favorita é de 1956. Dois homens, num escritório em Wall Street, observam pela janela um corpo caindo: "Olha só, é o Prescott! Será que ele sabe alguma coisa que não sabemos?"

Seria razoável você se perguntar como algo tão trágico quanto um suicídio tornou-se típico do humor da *New Yorker*. Mas pense no significado da cena de um homem-pulando-pela-janela-devido-à-queda-da-bolsa. Isso não é malícia ou *Schadenfreude*.* O homem que deu o pulo é o Romântico. Ele importou as convenções do amor não correspondido, da depressão e da perda irreparável – condições da alma – para questões prosaicas como lucro e receita. E os dois homens no escritório em Wall Street? São os Realistas, reescrevendo o que é pessoal na linguagem do profissional: eles veem o suicídio e pensam, instantaneamente, naquilo que os profissionais de finanças chamam de "assimetria da informação". O Romântico ri primeiro de si mesmo, por ver tragédia pessoal no mercado, e enquanto cai ri do Realista, por não ver tragédia pessoal no mercado.

Aqui vai outra, de 1982. Dois personagens corporativos colocam um relatório na mesa do chefe: "Esses números projetados são extravagâncias da nossa imaginação. Esperamos que o senhor goste." Quem está falando? É Prescott novamente! Agora nosso atormentado poeta está escrevendo sob a forma da estimativa de receitas. Aqui vai outra ainda – um homem assiste à televisão: "Hoje, em Wall Street, o anúncio de taxas de juros bai-

---

* Palavra emprestada da língua alemã que, em várias outras línguas, designa o sentimento de alegria ou satisfação perante o infortúnio alheio. (N.T.)

INTRODUÇÃO

xas fez o mercado subir, mas então a expectativa de que essas taxas seriam inflacionárias fez o mercado cair, até a percepção de que taxas mais baixas poderiam estimular a economia deprimida e fazer o mercado subir outra vez, até ele cair definitivamente, diante do receio de que uma economia superaquecida levaria a um restabelecimento de altas taxas de juros." O Romântico é agora um âncora do noticiário econômico, analisando o movimento caótico de Wall Street com uma mentalidade ridiculamente literal.

Homem ouve o rádio: "O terceiro maior banco do país anunciou hoje que iria saltar da ponte do Brooklyn. Espera-se que outros bancos sigam o exemplo."

Será que os Realistas têm seu próprio livro de charges? Talvez. Mas eu aposto que é muito pior do que este. Na verdade, nem todo mundo tem o humor na mesma quantidade. A posição cômica é uma escolha; é a recompensa por ver o mundo de um jeito peculiar. Os Românticos tendem a não enriquecer em Wall Street, pois para lucrar nas finanças você realmente precisa ser capaz de se perguntar o que fez Prescott pular. Os Românticos não conseguem fazer isso. Mas eles podem rir e, pelo menos nos dias que correm, essa troca parece bastante vantajosa. Homem em pé defronte a um enorme *château* francês: "Eu quase choro quando penso nos anos que desperdicei acumulando dinheiro, para depois descobrir que esse meu jeito alegre é genético." O Realista pode ficar com seu *château* e suas lágrimas. Nós Românticos preferimos a gargalhada.

INTRODUÇÃO

DÉCADA DE
1920

Um alto posto em Wall Street

DÉCADA DE 1920

"Pode dizer que eu falei: 'Nunca fui tão feliz na vida como quando eu era jovem e pobre.'"

"Você não saberia onde fica a Cartier, saberia?"

DÉCADA DE 1920

"Não tem imaginação, é? Bem, eu tenho imaginação o bastante para saber quanto estou perdendo aqui, todo dia, vagabundeando nessas gôndolas malditas."

"Ele não tem direito de parecer tão burro. Não é tão rico assim."

"Quietinho, meu bem. Não se faz barulho num banco."

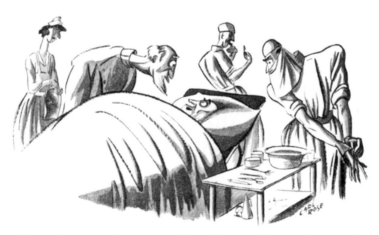

"Escute, doutor, me faça uma gentileza. Fique de olho nas ordinárias da Consolidated Can. Se ela estiver caindo, diga ao meu corretor para vender e comprar quatro mil em preferenciais da P.&Q. Rails, com a margem de sempre. Obrigado."

DÉCADA DE 1920

"John, há uma prestação vencendo amanhã, mas não consigo lembrar se é a sexta do rádio, a quarta do aquecedor a gás ou a nona da minha operação."

"Mas você não entende? Você está vendida, e encurralada pelos comprados."

"Querido, aqui está a conta do hospital.
Mais uma prestação e o bebê é nosso."

DÉCADA DE 1920

"Claro que bastam dez centavos! Se a gorjeta for muito alta eles riem da gente."

*"Não dá, preciso ficar aqui e trabalhar.
Estou descarregando cobre."*

"Pobre homem! O mercado de ações, suponho?"
"Não, senhora, eu sou mendigo mesmo."

DÉCADA DE 1920

DÉCADA DE
1930

"Eu estarei embaixo, na seção de economia. Entre e me acorde lá pelas quatro e meia."

DÉCADA DE 1930

DÉCADA DE 1930

"Bem, até logo. Vejo você no almoço do Clube dos Banqueiros."

"Agora sabemos o que é isso."

BIG BUSINESS
O conselho de administração inspeciona os três quartos líquidos da receita disponíveis para a distribuição de dividendos, após as deduções de custos fixos, imposto de renda, depreciação e obsolescência.

DÉCADA DE 1930

"Hum… Seria muito inconveniente
se eu sacasse duzentos dólares?"

"Você faz ideia de quanto significaria ter um homem
com experiência em Wall Street no seu negócio?"

VIRANDO A SORTE
Uma corretora recebe ordem de compra de dez ações da Goldman Sachs.

DÉCADA DE 1930

Quase virando a esquina

"Se você quer saber, o que vem retardando este país é a hesitação do comprador."

"Este ano estou pedindo a todo mundo que só me dê dinheiro."

DÉCADA DE 1930

"Que se dane a lei da oferta e da procura."

"Estamos cortando custos."

DÉCADA DE 1930

"Jamais contei a ela sobre a Depressão. Teria ficado preocupada."

DÉCADA DE 1930

"Eu gostaria de ter outros cinco, mas o Albert acha
que não conseguimos domar Wall Street."

"É o mesmo sujeito que, no verão passado, comprou dez cópias
de 'A chegada do apogeu americano'."

"Ele cobra US$ 2.500 por retrato. Sem taxa extra por crianças com menos de sete anos."

DÉCADA DE 1930

"Vamos extrair este reloginho como pagamento pela última conta dele."

"Sim, Laura, existe a possibilidade de levar o controle financeiro longe demais."

"A maioria é um mistério para mim, mas aquele à direita diz as margens de cada ação negociada."

"O sr. John D. Rockefeller Jr. ligou esta manhã, mas era engano."

DÉCADA DE 1930

"Quem quer que ele seja, a cada dólar que eu boto lá dentro ele garfa trinta centavos."

"Nesta empresa dizemos 'recessão', srta. Apgar, e não 'depressão'."

"Será que eu poderia lavar as mãos enquanto o senhor calcula meus juros compostos?"

DÉCADA DE 1930

"Uma coisa engraçada sobre o Morley... Ele sacrificou os ideais que tinha e nem assim ganha dinheiro."

"Esses sonhos nos quais o senhor encontra grandes tufos de dinheiro, sr. Croy... poderia descrever o lugar mais precisamente?"

"Se der problema outra vez, é só chamar."

DÉCADA DE 1930

"Safra 1929. Ah! Aço 261, Alumínio 184, Telefônicas 310."

"Hoje chegaram quatro cartas da fiscalização do imposto de renda, todas versando sobre o mesmo tópico."

"Ele é um investidor, ou especulador, ou picareta... Seja o que for, é rico."

DÉCADA DE 1930

"Por falar nisso, seu corretor ligou hoje."

DÉCADA DE

1940

"Eu soube que o crack de 1929 levou tudo que ela possuía."

"Vinte anos neste serviço, e ela ainda não me dá ouvidos em assuntos de dinheiro."

DÉCADA DE 1940

"Já lhe ocorreu que se todo mundo pagasse as contas em dia você estaria desempregado?"

"Ficou um pouco apertado depois que John começou a ter medo da inflação e passou a converter seus ativos em coisas."

DÉCADA DE 1940

"Ted diz que o treinamento está indo bem. Ele gosta bastante do sargento e dos outros rapazes, mas precisa de dinheiro para a munição."

DÉCADA DE 1940

"Mas, querida, havia impostos na fonte, a dedução dos Cupons de Guerra, a Previdência Social, o seguro coletivo... e eu tomei uma cervejinha."

"Está ótimo, Benson, mas onde você vai encaixar 'Compre mais Cupons de Guerra?'"

DÉCADA DE 1940

"*Maldição! Agora tenho que rever minhas estimativas de receita para 1944.*"

"Tudo muito bem, meu amigo, mas você já pensou em como se preparar para quando a deflação vier?"

DÉCADA DE 1940

"Há um consolo: não teremos problema para controlar o estoque este ano."

"Quer uma dica quentíssima de mercado, Howard? A Pacific Northern acaba de votar uma nova distribuição de lucros."

DÉCADA DE 1940

"Seria patriótico eu pedir um aumento?"

"Muito, muito obrigado. Não sei como lhe pagar."

"Veja por esse ângulo, Simpson. Quando você pede um aumento, está pedindo para os nossos acionistas aceitarem um corte."

"E agora, antes da nova depressão, quero que você tire todo o meu dinheiro da bolsa e compre títulos."

"E então, por que você não ganhou tanto quanto declarou?"

DÉCADA DE 1940

"Quando você diz que Merrill, Lynch, Pierce, Fenner e Beane recomendam a compra de determinada ação, isso é a unanimidade ou apenas uma maioria simples?"

DÉCADA DE 1940

"É toda automática: lava, enxágua, seca, desliga e, por apenas oito dólares, esse opcional aqui ainda escreve o cheque da prestação no dia primeiro de cada mês."

"Trouxe seu almoço, Lester. E, Lester, tenho sido uma esposa paciente, que nunca reclama, mas quando, por Deus, você vai parar de reinvestir o lucro na empresa?"

"Esse círculo vicioso de aumento de salários e preços tem de ser interrompido em algum ponto, Fleming, e decidi interrompê-lo em você."

"Não mexa aí, Roger! Isso custa dois mil, quatrocentos e setenta e cinco dólares."

DÉCADA DE 1940

"Harris, cancelei seu plano de saúde, sua pensão por invalidez e seu plano de previdência, expliquei seu caso ao sindicato, mandei a notificação ao Seguro Desemprego e fiz um cheque com seu crédito de férias, o dissídio, o aviso prévio e o salário devido, incluindo as horas extras. Você está demitido!"

"Tive um pesadelo horrível. A A.T.&T. havia deixado de distribuir lucros este ano!"

"Por Deus, Joe! Agora eles querem comprar tudo de novo."

"Nenhum investimento seria mais seguro para o seu dinheiro."

DÉCADA DE 1940

DÉCADA DE
1950

"Alguns homens perdem dinheiro porque têm azar… Você gosta de fazer disso uma ciência."

DÉCADA DE 1950

"Como vão os negócios?"
"Ah, sem grandes mudanças."

"Peraí, rapazes! Sou fiscal
da Receita Federal."

DÉCADA DE 1950

"Em resumo: não tivemos uma só greve nos últimos dez anos, então esse tempo todo devemos estar pagando muito a eles."

"Agora, pelo amor de Deus, vamos tentar fazer pelo menos uma coisa certa.
Nada de descarregar nossas ações da empresa todas ao mesmo tempo."

DÉCADA DE 1950

DÉCADA DE 1950

"...o mercado de ações oscilou para baixo ontem, num dia de poucos negócios. Ferrovias e indústrias mantiveram-se estáveis. Títulos brasileiros tiveram procura inesperada no fim do pregão. Os títulos municipais, em geral..."

DÉCADA DE 1950

"Conheço o tipo. Tudo que você arrancaria dele seria 'É caro demais para nós!'"

"É uma pena que não nos encontramos antes. Minha verba de representação já está irremediavelmente esgotada."

"Você não entende, pai. Não é a empresa em si, ela vai muito bem. Mas você não imagina o que os impostos fazem com a gente hoje em dia."

DÉCADA DE 1950

"Antes de você se entusiasmar demais, Ethel, vamos ver se podemos declarar isso como ganho de capital."

DÉCADA DE 1950

"Não se esqueça: pagamento à vista, em dinheiro vivo!"

"Claro, querida, se você quer mesmo.
Conseguiremos o dinheiro de algum jeito."

DÉCADA DE 1950

"A quanto soma o total dos juros? Ora, convenhamos, sr. Weber, não estou lhe fazendo nenhuma pergunta embaraçosa como essa, estou?"

"A meu ver, seu problema é a repressão de uma obsessão por recessão."

"Que tal uma garantia do tipo 'Triplicamos seu dinheiro de volta'?"

DÉCADA DE 1950

"Creio que minhas taxas parecem menos absurdas se você considerar os longos e árduos anos que um médico precisa gastar para se formar, e as tremendas despesas diárias que um médico precisa fazer..."

"Claro que tenho um impulso criativo, mas me satisfaço sabendo que poderia sustentar dez desses caras com o dinheiro que eu ganho."

"É um país tão pequeno... Não poderíamos combater o comunismo dando ações da General Motors para cada habitante?"

DÉCADA DE 1950

"Que expressão maravilhosa! Ele pegou J.B. bem no pico do mercado."

DÉCADA DE 1950

"Olha só, é o Prescott! Será que ele sabe alguma coisa que não sabemos?"

DÉCADA DE 1950

"Vamos fazer assim: compramos seu carro velho por mil e oitocentos e ainda botamos mais duzentos pelo custo de ampliar a sua garagem."

"Tenho quarenta e seis anos e ainda dirijo um carro popular."

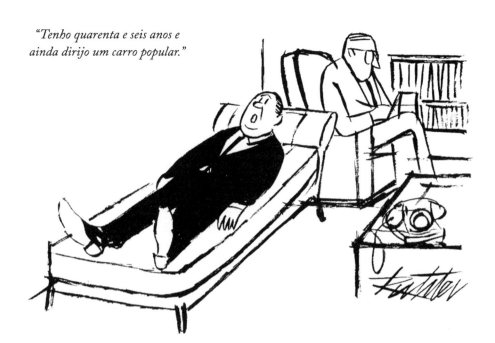

"Que se dane o portfólio equilibrado. Quero vender a Químicos Fenwick, e tem que ser agora."

DÉCADA DE 1950

"Eu sei. Nos anos do boom de 1927 e 28 as coisas também pareciam pretas. Mas eu aguentei firme e, então, veio outubro de 1929."

DÉCADA DE 1950

"Acontece o tempo todo. Consiga uma verba para pesquisa do Rockefeller ou do Ford, e de repente é hora de aproveitar a vida."

"É tão simples quanto dois vezes dois. Nós superproduzimos, eles têm de supercomprar."

DÉCADA DE 1950

"Achei um 'Wall Street Journal' que parece marcado por lágrimas."

"Posso estar precisando ou não de um analista, mas, se estiver, é melhor o desgraçado conhecer muito bem as regras dos impostos federais."

DÉCADA DE 1950

"É uma pena ele não ter vivido para ver a ação da A.T.&T. valendo duzentos novamente."

"Já lhe ocorreu que, em nossas tentativas de encarar os fatos, a única solução é sempre colocar a casa à venda?"

DÉCADA DE 1950

"De acordo com os números, uma coisa é certa. Não dá para viver com o meu salário."

DÉCADA DE 1950

"Harold, está me ouvindo? O setor industrial se valorizou, o ferroviário também, o cobre subiu..."

"Sem que mais à frente sejamos acusados de contribuir para a inflação, vamos votar um bom aumento para nós aqui e agora."

DÉCADA DE 1950

"Mas, camarada, é a inflação americana! O rublo já não compra tantos segredos de Estado quanto antes."

DÉCADA DE 1950

"Também achamos necessária uma cláusula de correção monetária para acompanhar qualquer elevação no custo de vida resultante do atendimento a nossas demandas salariais."

"Claro que é apenas uma estimativa. O custo real será bem maior."

DÉCADA DE 1950

"Aconteceu, Ellen. Já estamos gastando o dinheiro da nossa próxima vida."

DÉCADA DE
1960

"Então o 'putt' está valendo oito mil dólares para ele?
E qual a sua parte? Dez por cento?"

"Vê o que estou apontando?
O papai é dono de um
pedacinho disso, e a ação
fechou valendo oitenta e seis."

"Eu admito que a Consolidated Aluminum tem um salário inicial atraente e bons benefícios, mas a Allied Instruments oferece tudo isso mais uma aposentadoria precoce opcional."

DÉCADA DE 1960

"Continuo com a velha A.T.&T. Recessão ou não recessão, as pessoas nunca param de tagarelar."

"O custo de vida subiu de novo! Que porcaria de recessão é essa?"

"Como alguém consegue se arruinar tanto a ponto de o governo aceitar apenas uma fração por cada dólar?"

DÉCADA DE 1960

"Perdão, mas devo ter cochilado. Estamos discutindo abrigos nucleares ou tributários?"

"Definitivamente, eu espero que não incluam isso no cálculo do PIB!"

"Se alguma coisa me acontecer, Barbara, não venda as ações da Xerox."

"Numa democracia, um homem tem o direito de pedir crédito, não importa quantas vezes lhe tenha sido recusado."

"Os deuses estão furiosos!"

"Lembre-se, eu avisei que apenas alguém com receita constante, reserva de caixa para emergências e adequada cobertura de seguro, mais um excedente, deveria comprar ações... e mesmo assim com muito critério."

DÉCADA DE 1960

"Psiu! Vai o 'Wall Street Journal'
da próxima sexta-feira?"

"E outra maneira de ajudar a economia seria dar grandes aumentos aos professores."

"E nunca ninguém paga o seu almoço?"

DÉCADA DE 1960

"Eu me pergunto se não espanta a vocês, como espanta a mim, o fato de aparentemente não termos outro assunto a não ser dinheiro."

"Quem você acha que está levando algum nessa guerra contra a pobreza?"

DÉCADA DE 1960

"Pense por este ângulo: o mundo inteiro está quebrado, mas os Estados Unidos estão menos quebrados."

DÉCADA DE 1960

"Mas isso é líquido ou bruto?"

"Sabe, nunca pensei ver o dia em que a média do setor industrial no Dow Jones rompesse a barreira dos oitocentos pontos."

DÉCADA DE 1960

"O pior de tudo é que, todo ano, essa garotada injeta uns quinze bilhões na economia."

"Pô, pai, esse é o único conselho que você tem para me dar... Nunca arriscar o capital principal?"

DÉCADA DE 1960

"O que a economia precisa é de uma depressão. Uma pequena, da qual o grupo aqui reunido seja poupado, é claro."

"Puxa, Frank, você não acha o máximo viver num período de boom econômico duradouro?"

DÉCADA DE 1960

"Mas, senhor, muitos analistas dizem que esse período de ajustes era necessário há tempos, e preveem que em seguida o mercado retomará sua trajetória ascendente, com um pico previsto nas altas do Dow Jones até o fim do ano."

DÉCADA DE 1960

"E por que, se eu posso perguntar, as suas opiniões teriam algum valor?
Você alguma vez já encarou uma folha de pagamento?"

DÉCADA DE 1960

"Veja por este ângulo, filho. Se alguém da sua geração algum dia precisar de um corretor de valores, ele vai querer alguém da mesma faixa etária."

"Entendeu o que significa crédito restrito?"

DÉCADA DE 1960

"Bem, enquanto fazemos a nossa parte, o pessoal em casa está fazendo a deles. O Dow Jones subiu outra vez."

"Frank, onde você descolou esse guru?"

"Na falta de melhor palavra, chamei minha ideia de 'impostos'. E funciona assim..."

"Daqui até lá, é tudo dinheiro novo."

"Aqui, na Compudata Inc., sr. Waycross, nosso lema é: analise, sistematize, computadorize, sintetize, finalize e ganhe grana."

DÉCADA DE 1960

"Você sabe o que a sua geração irá encontrar, meu rapaz? Ela irá encontrar as indústrias cotadas na bolsa ultrapassando a barreira dos dois mil pontos."

DÉCADA DE 1960

"Afinal nossos temores financeiros terminaram. Estamos falidos."

"A inflação com certeza não para de subir, subir, subir."

DÉCADA DE 1960

"Me dê um beijo, meu rapaz, e eu lhe direi quais as dez ações mais valorizadas em 1969."

"Vamos repassar tudo outra vez... erro involuntário por erro involuntário."

"Acho um crime gastarem bilhões em viagens à Lua, quando o teatro de repertório deste país está com o pé na cova."

"Consolidei nossas dívidas num único empréstimo, baixo e de fácil pagamento. Agora estou me despedindo de todos os nossos receios."

DÉCADA DE
1970

"São pessoas como você, sr. Evers, que vivem constantemente além das suas posses, se afundando sempre mais e mais em dívidas, que merecem a eterna gratidão dos nossos bancos."

"É aquilo ali que nos tira da cama todos os dias e nos faz ir dormir antes das onze, Harold."

DÉCADA DE 1970

"Todo mundo tem de pagar impostos, sr. Herndon, então o senhor poderia nos poupar desse dramalhão!"

"Dizem que para se eleger a um cargo público em nosso país a pessoa precisa ser rica. Bem, amigos, eu sou rico, muito rico."

"Tem certeza de que não é apenas uma alta artificial?"

DÉCADA DE 1970

"O computador é apenas uma ferramenta.
Sempre haverá lugar para a avareza desenfreada."

"Eu, pelo menos, estou feliz que o dólar está a salvo, pois se o dólar tiver problemas, aí o centavo ficará realmente encrencado."

"Pelo amor de Deus, Bob, não podemos andar na rua sem você ficar repetindo como poderia ter comprado esse por vinte e oito mil em 1958, aquele por trinta e cinco mil em 1961 e aquele outro sabe-se lá por quanto em 1964?"

DÉCADA DE 1970

"29 de outubro, 1929. Começou como um dia feito outro qualquer. Comi ovos cozidos com gema mole e bacon no café de manhã. Batia um ventinho. Usei um sobretudo leve..."

"As melhores coisas da vida podem não ter preço, mas a segunda melhor pode custar um bom dinheiro."

DÉCADA DE 1970

"Anda! Estão pagando US$ 54,60 o grama em Zurique, US$ 54,70 em Londres, US$ 54,90 em Frankfurt e, pelo que ouvi dizer, ainda está subindo!"

"Algum dia o dólar valeu mais que um dólar?"

DÉCADA DE 1970

"Pode ser que estejamos gastando mal cada dólar do seu imposto, mas admita que fazemos um grande trabalho quando é para coletá-lo."

"Que se dane o que o fabricante poderia fazer ao preço de um único caça F-111! Pense no que eu poderia fazer com essa grana!"

"Com o que eu deveria me preocupar? O índice de preço por atacado, o índice de preço ao consumidor ou o índice do custo industrial?"

DÉCADA DE 1970

"Nós ganhamos dezoito mil dólares por ano. O que você recomenda?"

"Ou eles têm mais bom gosto do que dinheiro ou mais dinheiro do que bom gosto, mas nunca lembro qual dessas opções é a verdadeira."

"O que todos parecem esquecer é que a A.T.&T., quando você olha de perto, é feita de gente... como eu e você."

DÉCADA DE 1970

"Numa tigela grande, junte 60 centavos de ovos, 45 de creme de leite, 16 de orégano e 10 de mostarda. Mergulhe 7,50 dólares de lombo de porco em pedaços nessa mistura e acrescente 65 centavos de pão torrado em pedacinhos. Esquente 90 centavos de óleo de amendoim numa frigideira larga e frite lentamente os pedaços de lombo em 94 centavos de gás."

DÉCADA DE 1970

"E aqui vai uma 'penalidade percentual' extra, pelo seu resgate antes do vencimento da aplicação."

DÉCADA DE 1970

DÉCADA DE 1970

"Cá entre nós, Baxter, agora que você não está desviando dinheiro na Data-Technics, ela lhe parece um bom investimento?"

"Maldição, Felton! Pare de me passar dinheiro por baixo da mesa enquanto estou comendo!"

"Tudo bem, é ótimo aqui, mas me sinto meio desconfortável num lugar sem verba para investir."

DÉCADA DE 1970

"Ele está trabalhando na próxima grande tramoia financeira."

"Por favor, não me agradeça. Eu receberia propina para ajudar qualquer pessoa."

*"Eu lhe digo por que viemos ao mundo.
Viemos para superar o mercado!"*

*"Estamos aqui reunidos para honrar os formandos,
como honramos seus cartões de crédito."*

DÉCADA DE 1970

"Receio que o sr. Koerner não esteja mais entre nós.
Ele foi taxado para fora da existência."

DÉCADA DE 1970

"Nossa tarefa, senhores, é persuadir o governo de que a melhor solução ainda é botar dinheiro no problema."

"O dinheiro é, para a vida, o mesmo que o boletim do colégio é para o aluno."

DÉCADA DE 1970

"Esses dez bilhões, é claro, incluem a munição."

"Me acorde quando a bolsa chegar a mil pontos."

DÉCADA DE
1980

"A salsicha de fígado caiu oito pontos, a salada de ovo subiu dois e meio e a pasta de amendoim com geleia permaneceu estável."

"Em vez de se preocupar tanto em fazer seu dinheiro render mais, por que você não tenta trabalhar mais?"

DÉCADA DE 1980

"Há uma espécie de ritmo em fazer dinheiro, algo dentro de mim responde a isso."

"Pode haver uma recessão lá fora, Willie, mas não há recessão aqui dentro."

DÉCADA DE 1980

"O terceiro maior banco do país anunciou hoje que iria saltar da ponte do Brooklyn. Espera-se que outros bancos sigam o exemplo."

"Os Clarkson e os Baldwins são dinheiro velho, os Schaefers e os McNallys são dinheiro novo, os Judds, os Lamberts e os Walters são sem dinheiro…"

"Que ótima surpresa. Eu sempre achei que só os pobres recebiam pingadinho."

"Por que sou sempre eu a dependente?"

DÉCADA DE 1980

"Hoje, em Wall Street, o anúncio de taxas de juros baixas fez o mercado subir, mas então a expectativa de que essas taxas seriam inflacionárias fez o mercado cair, até a percepção de que taxas mais baixas poderiam estimular a economia deprimida e fazer o mercado subir outra vez, até ele cair definitivamente, diante do receio de que uma economia superaquecida levaria a um restabelecimento de altas taxas de juros."

DÉCADA DE 1980

"Esses números projetados são extravagâncias da nossa imaginação. Esperamos que o senhor goste."

DÉCADA DE 1980

"Suponho que não seja tão caro, se pensarmos que a economia movimenta três trilhões de dólares."

"Filho, você é um homem-feito agora. E está me devendo duzentos e catorze mil dólares."

DÉCADA DE 1980

"Meu Deus! Ele não está preocupado com o dinheiro que tem, ele está preocupado com o dinheiro em si."

"Você perdeu a aposta no ouro, perdeu o boom do mercado imobiliário, perdeu a disparada do mercado de ações e provavelmente está perdendo alguma coisa neste exato minuto."

DÉCADA DE 1980

ABELHAS

OPERÁRIA

RAINHA

ZANGÃO

CONSULTORA

"*Claro que botei alguns. Mas isso foi quando o ouro ultrapassou setecentos dólares o grama.*"

DÉCADA DE 1980

"Aconteceu o seguinte, cavalheiros. Durante a noite passada, um menino de onze anos em Akron, Ohio, entrou em nossos computadores e transferiu todos os nossos ativos para um banco em Zurique."

"Aposto que o presidente do Banco Central não se preocupa tanto com as taxas de juros quanto você."

"Podemos fazer empréstimos internacionais arriscados, sr. Simpson, mas não fazemos empréstimos individuais arriscados."

DÉCADA DE 1980

"Bob, como amostra da minha gratidão por este almoço espetacular, gostaria de lhe mostrar minha declaração do imposto de renda dos últimos quatro anos."

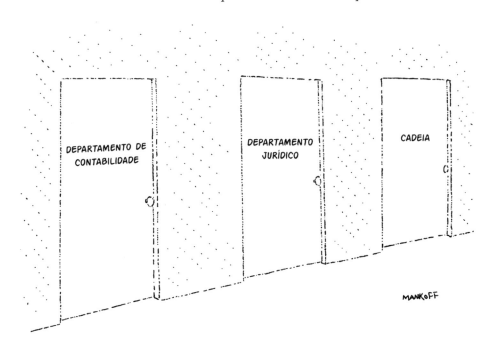

DÉCADA DE 1980

"Todo cretino com um dólar furado está de novo especulando no mercado, graças a Deus."

"Onde há fumaça, há dinheiro."

"O que eu gostaria, em resumo, é de uma linha de crédito temporária que me arranjasse pelo resto da vida."

DÉCADA DE 1980

"Entendo que alegadamente favoreça os ricos, mas, por outro lado, é um grande incentivo para qualquer um ganhar duzentos mil ao ano."

"À riqueza, mesmo que ela esteja apenas no papel."

"É verdade que eu tenho toneladas de dinheiro. Mas, vamos falar a verdade, uma tonelada a mais nunca faz mal."

"Você entende, claro, que qualquer tentativa minha de lucrar com essa informação me deixaria vulnerável a uma investigação da agência reguladora."

DÉCADA DE 1980

"No futuro, eu gostaria de ter um negócio onde role muita grana e eu não tenha de ficar muito tempo."

"Em algum lugar, Patrick, está a chave para o aumento das vendas. Quero que você a encontre, Patrick, e a traga para mim."

"Quarenta e sete anos e ainda sou um pequeno investidor."

DÉCADA DE 1980

"Ainda estamos longe de um acordo. Eu pedi um adiantamento na base do milhão e eles se recusam a ler o original."

"Este ano, as mudanças no IR alteraram radicalmente as planilhas e os métodos de sonegação fiscal."

"Valeu, pai, mas as crianças de hoje em dia não querem mais dinheiro, querem liderança."

DÉCADA DE 1980

"Sua mãe ligou para lembrá-lo de diversificar."

DÉCADA DE 1980

"Oi, pai. Investimento bancário não era a minha praia, afinal."

DÉCADA DE 1980

"Eu sei que vou amar cavalos por toda a minha vida. Por isso planejei trabalhar em bancos, em seguros e no setor imobiliário."

"O dinheiro novo, Bobby, é o dinheiro velho que escapou."

DÉCADA DE 1980

"Hoje, os ingredientes secretos da Torta de Maçã da Mamãe foram vendidos aos japoneses por 68 milhões de dólares."

DÉCADA DE 1980

"*Estudamos, planejamos, pesquisamos. No entanto, por algum motivo, ganhar dinheiro continua sendo mais uma arte que uma ciência.*"

"*Nosso plano para cortar despesas é simples, só que precisamos de muito dinheiro para executá-lo.*"

"*'Leverage',* por Goldman Sachs.*"

---

* Alavancagem.

DÉCADA DE 1980

"Veja bem, isso não deve ser entendido como um quid pro quo."

"Por mim, eles podem fazer o que quiserem com o salário mínimo, desde que não mexam no salário máximo."

DÉCADA DE 1980

DÉCADA DE
1990

"Bem-vindo a bordo. Você agora está isento de impostos federais, estaduais e municipais."

"Seu dinheiro estava rendendo para você, mas aí mudou de lado e agora rende para mim."

"A propina gostaria de uma audiência, senador."

DÉCADA DE 1990

"É um cheque de cem mil dólares. O que achou do presente?"

*"Você exige demais de si mesmo.
Realmente deveria aprender a aproveitar
a vida e sentir o perfume dos lucros."*

"Estou me desligando de bens materiais."

DÉCADA DE 1990

"Ok, então quem consegue precificar o amor? Jim?"

"Por favor aguarde uma sequência de sinais. O primeiro indica o fim oficial da recessão, o segundo indica prosperidade e o terceiro, a volta da recessão."

"Agora é com você, Miller. A única coisa que pode nos salvar é uma inovação contábil."

DÉCADA DE 1990

"Funciona assim: se os ricos têm dinheiro, eles investem. Se os pobres têm dinheiro, eles gastam em comida."

"Cavalheiros, a de vocês será uma das falências seminais desses últimos anos."

"Muita audácia da sua parte reclamar dos meus gastos!"

DÉCADA DE 1990

"Em apenas seis semanas, esses MBAs estarão prontos para o mercado."

"Claro, o cargo com direito a benefícios – médico, dentário etc. – não inclui salário."

"Encaremos os fatos: o melhor amigo do homem é o dinheiro."

DÉCADA DE 1990

"Não somos nem caçadores nem coletores. Somos contadores."

"Sempre tive o sonho de comprar uma pequena fazenda...
E aí vendê-la pedacinho por pedacinho."

"Ser premiado é crucial para os meus planos de aposentadoria."

DÉCADA DE 1990

"Se você quiser uma renda anual garantida de um milhão de dólares ou mais, tecle 'um' agora."

"E então, no auge de seu poder, eles parecem ter sucumbido perante tipos misteriosos obcecados pela última linha."

"Você, Scofield Industries, aceita Amalgamated Pipe?"

DÉCADA DE 1990

"Os resultados do último trimestre chegaram. Tivemos ganhos substanciais no grupo das pessoas entre 15 e 26 anos de idade, mas sacrificamos a pureza das nossas almas."

"Serei sincero com você, Jeannette, estou interessado numa relação de baixo custo."

DÉCADA DE 1990

"Minha sugestão é que oficializemos os danos morais!"

DÉCADA DE 1990

"Um milhão é artesanato. Um bilhão é arte."

DÉCADA DE 1990

"Você poderia parar de nos chatear? Já temos uma corretora de valores."

DÉCADA DE 1990

"No Morgan Stanley, srta. Brimworth, nós não gritamos Bingo!"

"Bombamos nossos preços para garantir que você receba o mesmo serviço de qualidade no futuro."

"Pessoas como você parecem não entender que este seu ambiente sofisticado tem uma manutenção muito cara."

DÉCADA DE 1990

"Um milhão, a princípio, de fato parece meio salgado para apenas um quarto. Mas essa unidade tem o melhor feng shui do edifício."

"Eu quase choro quando penso nos anos que desperdicei acumulando dinheiro, para depois descobrir que esse meu jeito alegre é genético."

"Eu nunca disse isso para uma mulher antes, mas aqui vai:
Não estamos lhe pagando o suficiente."

"Aconteceu alguma coisa fora do comum com as nossas ações? O canário acaba de morrer."

"Não é justo que os investimentos do Jasper tenham subido doze por cento e os meus apenas oito."

"Pai, o reitor analisou sua declaração financeira, mas ele não achou o seu desempenho satisfatório."

DÉCADA DE 1990

"Estou guardando esta belezinha para a bolsa de valores."

"Eu estive numa poderosa firma de investimentos por sete anos e numa poderosa instituição penal por um ano e meio."

"Viu, lá vai ela de novo... a mão invisível do mercado fazendo gestos obscenos para nós."

DÉCADA DE 1990

"E por favor permita que o presidente do Banco Central aceite as coisas que ele não pode mudar, dê-lhe a coragem para mudar as que ele pode e a sabedoria para diferenciar umas das outras."

"Este é o sr. Harrington, nosso nerd do financiamento imobiliário."

"Ninguém nunca faliu tendo lucro."

DÉCADA DE 1990

"O porquinho com o portfólio de palha e o porquinho com o portfólio de madeira foram engolidos, mas o porquinho com o portfólio de tijolos sobreviveu à queda da bolsa."

"Oh, eu lamento muito. Acabo de investir três milhões com outro corretor que acabou de ligar."

"Quais tintos têm grau de investimento?"

DÉCADA DE 1990

"Alta de 116%! Se tivéssemos tido a premonição para investir dez minutos atrás."

"Estou procurando um hedge para garantir meu fundo de hedge."

"Para tudo!"

DÉCADA DE 1990

DÉCADA DE 1990

"Esse Dow Jones é o máximo que você consegue aguentar?"

DÉCADA DE 1990

"Claro que ele parece tranquilo... viveu a vida toda com o mercado em alta."

"Pare de reclamar. Quem não está falida?"

DÉCADA DE 1990

DÉCADA DE

2000

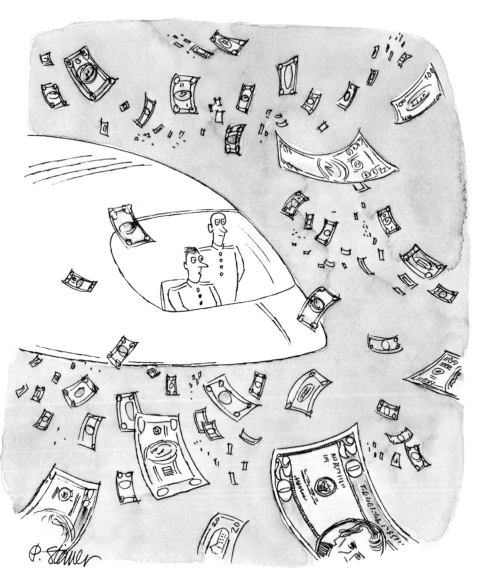

"Capitão, parece que entramos no ciberespaço."

"Aos nossos dois divórcios... Excelentes maneiras de acumular capital."

"Comprei minha passagem por três dólares na internet. Você não vai comer o salmão?"

DÉCADA DE 2000

"Ok, rapazes, agora vamos mostrar por que ganhamos quatrocentas vezes o salário dos nossos empregados."

"O que foi dessa vez, a velha ou a nova economia?"

DÉCADA DE 2000

"Desculpem a bagunça. Warren resolveu ficar líquido."

"Eu também odeio ser um safado ganancioso, mas temos responsabilidades para com nossos acionistas."

"Bem, é uma alegria estar ganhando uma quantidade obscena de dinheiro."

"Os pesquisadores dizem que não sou mais feliz por ser rico, mas você sabe quanto os pesquisadores ganham?"

"Sim, eu faço coisas, filho. Eu trabalho com coisas conhecidas como tacadas."

"Seu DNA não está de acordo com o seu histórico financeiro."

"Estamos prontos a lhe oferecer um pacote de compensações que inclui uma porção significativa do hemisfério ocidental."

DÉCADA DE 2000

"Más notícias de Wall Street. Hoje, quando o piso do mercado ruiu, as paredes colapsaram e o teto desabou."

"Muito bem, já driblamos os impostos, agora só falta a morte."

DÉCADA DE 2000

"Seria possível você exagerar absurdamente o custo da obra e o prazo de execução, para que tenhamos uma feliz surpresa quando ela acabar?"

"Eu quero a minha bolha de volta."

"As notas podem ser suas, mas elas são o retorno do meu investimento."

"O que impede algum estranho em outro ponto do mundo de pagar as minhas contas?"

DÉCADA DE 2000

"Por outro lado, eles têm ótimos procedimentos contábeis."

"Se nos aposentarmos tarde e morrermos cedo, a gente passa raspando."

"Toda a minha verba para a merenda está no mercado imobiliário."

DÉCADA DE 2000

"A mamãe sempre me lê uma história e me arranja uma nota de vinte."

"Quando todos cobrirmos os olhos e taparmos as orelhas, a pessoa que tirou os 428 milhões irá devolvê-los."

"Onde você conseguiu isso?"

DÉCADA DE 2000

"Para você não dizer que nunca pingou nada para o seu lado."

"Eu me sinto um homem preso num salário de mulher."

"Foi projetado para produzir eletricidade a partir das flutuações da bolsa de valores."

DÉCADA DE 2000

"Sim, ainda acordo cedo, mas atualmente é para checar em tempo real os mercados de petróleo e gás natural."

"Procuro um trabalho no qual eu possa lentamente perder de vista aquilo que eu queria fazer da vida, com benefícios."

"Eu liquidei meus ativos e apostei tudo na raspadinha."

"Esqueci... Para esses seus amigos a gente finge ter mais ou menos dinheiro do que temos realmente?"

"Temos que passá-lo adiante, com lucro, antes de a maré subir."

DÉCADA DE 2000

"Acrescente aí um desses folhetos sobre refinanciamento da casa própria."

"Cuidado para não mencionar o bônus obsceno que ele ganhou."

"Espere aí! Quase esquecemos nossas opções de ações retroativas."

"Se você precisa perguntar quanto custa a gasolina é porque não pode pagá-la."

DÉCADA DE 2000

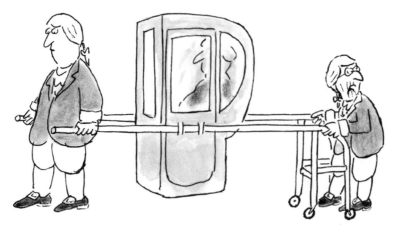

"Ainda preciso do emprego."

"Fale com o jurídico" / "Fale com a contabilidade"

DÉCADA DE 2000

"Ah, que se dane, vou acrescentar outro zero."

DÉCADA DE 2000

"Você gostaria que eu lhe mostrasse o apartamento e lhe dissesse quanto paguei por cada coisa?"

"Será que ele ainda seria bonito sem o dinheiro?"

"O sistema não é perfeito, mas, por Deus, é transparente."

DÉCADA DE 2000

"Sim, é bacana, mas no último ano perdeu 29% do valor."

"Justo no colchão onde guardamos todo o nosso dinheiro!"

DÉCADA DE 2000

"Eles devem estar contando com um socorro financeiro."

"Oi, filho. Suponho que criar galinhas não lhe pareça tão mau negócio agora."

"Você precisa de alguma coisa do banco?"

DÉCADA DE 2000

"Boa notícia. Ouvi dizer que o paradigma está mudando."

DÉCADA DE 2000

"O que foi, Lassie... o Timmy está em perigo?"

"É verdade, um teto salarial em Wall Street pode limitar a oferta de talento, mas, por outro lado, se eles ficarem ainda mais talentosos vamos todos falir."

"Com esses swaps de risco de crédito, eu nunca sei em quem dar um arrocho."

DÉCADA DE 2000

"Essas novas regulamentações mudarão a essência do nosso jeito de burlá-las."

"Ainda somos a mesma grande empresa que sempre fomos, apenas deixamos de existir."

ÍNDICE DE CHARGISTAS

Acocella, Marisa, 209
Addams, Charles, 62, 92
Agee, John, 192
Alain, 38, 39, 55, 66, 76
Arno, Ed, 126, 151
Arno, Peter, 14, 63

Barlow, Perry, 19, 25, 57, 67, 72, 74, 86, 95
Barsotti, Charles, 199, 229, 230, 241, 242, 247
Bliss, Harry, 218
Booth, George, 118, 162, 187
Bressler, Wayne, 216
Bundy, Gilbert, 28
Byrnes, Pat, 219

Chast, Roz, 215
Cheney, Tom, 231, 243, 244, 248
Cline, Richard, 201
Cobean, Sam, 59
Cotham, Frank, 242, 244
Crawford, Michael, 151
Cullum, Leo, 154, 172, 196, 197, 202, 213

Darrow, Whitney, Jr., 20, 35, 37, 44, 46, 50, 56, 58, 59, 73, 85, 102, 112, 124
Day, Chon, 34, 38, 97, 153
Day, Robert J., 20, 34, 41, 47, 63, 70, 86, 87
de Miskey, Julian, 4
Decker, Richard, 24, 29, 42, 43, 48, 51, 71, 75
Dedini, Eldon, 56, 61
Denison, Harold, 3, 4
Dernavich, Drew, 234
Diffee, Matthew, 228, 231

Donnelly, Liza, 251
Dove, Leonard, 12, 13, 16, 32, 41
Dunn, Alan, 3, 6, 7, 22, 25, 26, 27, 40, 44, 78, 80, 81, 96, 97, 99, 111

Farris, Joseph, 125, 139, 173
Fisher, Ed, 67, 132, 138, 170
Fradon, Dana, 69, 88, 90, 103, 104, 118, 119, 120, 122, 123, 129, 131, 133, 148, 178
Frascino, Ed, 202
Freuh, Alfred, 18

Galbraith, William Crawford, 21, 30
Graham, Edward, 6
Gregory, Alex, 224, 229, 234, 238
Gross, Sam, 136, 182, 238

Haefeli, William, 225
Hamilton, William, 100, 110, 122, 125, 135, 139, 149, 150, 161, 166, 169, 179, 188, 190, 214, 220, 236, 241
Handelsman, J.B., 100, 157, 189, 191, 194
Harris, Sidney, 167
Harvey, Alice, 5, 8
Hoff, Sydney, 42, 54, 81, 84
Hokinson, Helen E., 19
Hunt, Stan, 91, 117

Irvin, Rea, 17

Johnson, Carolita, 235

Kaplan, Bruce Eric, 183, 232
Klein, I., 9

Koren, Edward, 128, 203, 213, 232
Kraus, Robert, 73

Langdon, David, 68
Levin, Arnie, 135, 140, 144, 158
Lorenz, Lee, 82, 98, 120, 127, 134, 137, 142, 145, 158, 159, 163, 168, 185, 216, 222, 226, 237, 250

Mankoff, Robert, 146, 155, 162, 170, 176, 205, 222, 246, 249
Martin, Charles E., 48, 61, 64, 110
Martin, Henry, 105, 106, 114, 116
Maslin, Michael, 237
Means, Sam, 233
Miller, Warren, 164, 166, 181, 186, 200
Mirachi, Joseph, 90, 157
Modell, Frank, 108
Morgan, Wallace, 30
Mulligan, James, 93

Noth, Paul, 249

Opie, Everett, 121, 123

Petty, Mary, 8
Price, Garrett, 29, 34
Price, George, 24, 26, 55

Rea, Gardner, 76
Reilly, Donald, 99, 106, 113, 133, 175
Richter, Mischa, 65, 71, 79, 88, 93, 104, 109, 129, 137, 179

Rose, Carl, 5, 13, 15, 16, 36, 47, 49, 101
Ross, Al, 130, 183

Saxon, Charles, 77, 89, 103, 107, 156
Schaub, 2
Schoenbaum, Bernard, 172, 175, 181, 190, 205, 214
Shanahan, Danny, 195
Shermund, Barbara, 23, 31
Siggs, L.H., 60
Sipress, David, 206, 223, 251
Smaller, Barbara, 204, 208, 224, 227, 240
Smith, Claude, 45, 65
Steig, William, 14, 51
Steiner, Peter, 165, 180, 185, 212, 245
Stevens, Mick, 199, 217, 218
Stevenson, James, 79, 84, 95, 134, 152

Tobey, Barney, 116, 144
Twohy, Mike, 164, 186

Vey, Peter C., 221, 227, 239, 250
Vietor, Dean, 140, 145

Weber, Robert, 94, 127, 130, 143, 147, 148, 160, 168, 174, 177, 184, 197, 201, 221
Weyant, Christopher, 243, 247
Wiseman, Bernie, 69

Ziegler, Jack, 142, 147, 155, 159, 167, 176, 207

ÍNDICE DE CHARGISTAS

A marca FSC® é a garantia de que a madeira utilizada na fabricação
do papel deste livro provém de florestas de origem controlada
e que foram gerenciadas de maneira ambientalmente correta,
socialmente justa e economicamente viável.

Este livro foi composto por Mari Taboada em Adobe Caslon Pro 10/13
e impresso em papel offset 90g/m² e cartão triplex 250g/m²
por Geográfica Editora em novembro de 2016.